FRAGMENS
D'UN OUVRAGE
SUR LA
CONSCRIPTION.

Avis sur cette nouvelle Edition.

Ces fragmens d'un ouvrage sur la Conscription furent imprimés dans les premiers jours de mars, c'est-à-dire, à une époque où la tyrannie de Buonaparte était loin d'être abattue. Une édition de deux mille exemplaires fut rapidement épuisée. C'est dans la Bretagne et dans les provinces occupées par les alliés que la circulation de cet ouvrage fut plus facile. A peine en reste-t-il aujourd'hui quelques exemplaires. J'ai cru devoir en publier une seconde édition. Le système odieux de la Conscription a disparu, et disparu sans retour. Toutefois il est encore nécessaire de porter ses regards sur ce système hors de toute comparaison avec ce qui exista jamais de plus horrible et qui n'eut jamais son semblable chez aucun peuple du monde. Quand on médite sur ces lois qui nous asservirent tant d'années, un cri de reconnaissance s'élève de la terre vers le ciel; on parle avec ivresse de ces bons rois qui nous ramènent la paix et le bonheur, si long-temps bannis de notre belle France....: et tous les cœurs, dans les transports d'une sainte allégresse, répètent ces mots sacrés : *Vive le roi! vivent les Bourbons!*

Nota. L'édition que je publie aujourd'hui est tout-à-fait conforme à celle qui fut publiée dans les premiers jours de mars.

AVANT-PROPOS.

Je fais enfin paraître cet ouvrage que j'écrivis à une époque où j'étais loin de prévoir que des coups terribles allaient être portés à la puissance du tyran des Français. Mon dessein était alors, en traçant le système odieux de la Conscription militaire, d'appeler les cris de l'indignation sur ce code barbare, sans exemple chez les nations civilisées; sur ce code où est empreint dans toute son horreur le génie révolutionnaire.

Je voulais surtout inspirer des sentimens plus dignes d'eux aux Français, instrumens des volontés et des sanglans caprices du despote; je me flattais, si toute pensée d'honneur n'était point éteinte dans leurs âmes, qu'ils éprouveraient une salutaire horreur, en contemplant cette immense chaîne de malheurs qu'attiraient sur notre belle France les lois dont ils étaient les ministres.

La publication de cet ouvrage fut empêchée ; les premiers exemplaires mis en circulation furent saisis : toutes mes précautions furent déjouées par cette police, chef-d'œuvre de perversité, et si habile dans l'art de proscrire tous les Français qui élevaient des cris d'indignation contre la tyrannie.

Je n'échappai point à ces terribles recherches ; mon nom fut long-temps l'objet de ses soupçons. Désigné comme factieux, parce que j'osais élever la voix contre la tyrannie, je dus, pendant plusieurs années, croire que j'irais loin du sol natal traîner dans l'exil une vie languissante. Toutefois la providence ne permit pas que les desseins des pervers s'accomplissent. Elle m'avait donné un ami bien cher à mon cœur : ce fut à son zèle, à son dévouement que je dus le bonheur de rester dans ma patrie. Qu'il reçoive, ce digne ami, l'expression d'une sainte reconnaissance; le temps ne l'effacera jamais de mon cœur. Je sens, à ce souvenir, des larmes couler de mes yeux; ma plume écrit son nom, et je me rappelle alors avec un douloureux regret l'obligation qu'il m'impose de ne point l'imprimer.

Je ne dus confier qu'à quelques amis ces feuilles, tristes méditations d'une âme qu'accablent les malheurs de la patrie. Il m'est possible aujourd'hui de les publier : dans les circonstances actuelles, je pense qu'elles produiront quelque bien ; c'en est assez pour m'y déterminer. Je raconterai, dans la première partie, une circonstance de ma vie, qui ne s'effacera jamais de mon souvenir. C'est à cet âge où l'âme est disposée à de vives sensations, qu'en traversant les Pyrénées, je fus spectateur d'une scène de tristesse et d'horreur ; elle jeta dans mon âme une émotion qu'il me serait impossible de décrire. Ce fut cette circonstance qui m'inspira l'idée de l'ouvrage dont je publie quelques fragmens. J'ai toujours regretté de n'avoir pu écrire les pensées qui se pressèrent alors en foule à mon esprit ; peut-être eus-je crayonné d'une manière moins imparfaite le tableau que, dès cet instant, je me proposai de tracer. Il est des situations dans la vie où les récits de l'homme le plus vulgaire ne sont pas sans quelque intérêt. Toutefois, j'ai besoin de le dire, si, en publiant ces feuilles, j'avais eu en vue les jouissances de l'amour propre, ces misérables hochets de la vanité, je les eusse mille fois déchirées, tant je suis convaincu de l'extrême faiblesse de mes moyens ; mais une plus noble pensée m'a animé. J'ai vu la France courbée sous un sceptre de fer, et parvenue au dernier terme de l'oppression et du malheur. Un cri d'indignation s'est élevé dans mon âme; j'ai dû céder à cette puissance irrésistible qui m'a forcé de l'exhaler. Sans doute je ne puis pas dire *ed io anche sono pittore ;* mais en contemplant l'affreux tableau de notre belle patrie, accablé de tristesse, au milieu de mes pensives douleurs, je me suis écrié : Et moi aussi je suis Français !... Ah! dans cette cause sacrée,

Je ne suis qu'un soldat, et je n'ai que du zèle.

Puissent d'habiles écrivains se présenter pour tracer le tableau d'une législation si féconde en calamités, et défendre la cause sainte du malheur! J'applaudirai à leurs nobles pensées; je jouirai de leurs succès : il s'en présentera. C'est le vœu que je forme de toutes les puissances de mon âme.

FRAGMENS
D'UN OUVRAGE
SUR LA
CONSCRIPTION.

Je voyageais en 1807 dans les Pyrénées ; je parcourais avidement ces solitudes majestueuses. Déjà j'avais franchi ces montagnes dont les sommets toujours glacés contrastent si singulièrement avec les fertiles coteaux et les belles prairies que l'œil aperçoit à ses pieds. J'avais erré trois semaines au milieu de ces rochers, de ces cascades et de ces torrens. Mon âme était en quelque sorte fatiguée par le spectacle extraordinaire de ces phénomènes sublimes qui, pour la première fois, frappaient mes regards. Je fus me reposer quelques jours dans la ville de Pau, ancienne capitale du Béarn. Tout le monde sait que cette ville est la patrie d'Henri IV. Je ne puis exprimer l'émotion délicieuse que j'éprouvai en entrant dans cette ville où était né le meilleur Roi qu'ait eu la France. Je visitai avidement tout ce qu'elle renferme, et qui peut rappeler quelques touchans souvenirs du grand et bon Henri. Serait-on Français, si l'on contemplait, avec indifférence, les débris de ces monumens contemporains de ce bon Roi. J'éprouvais le besoin d'être seul pour savourer délicieusement tout ce qu'ont d'attendrissant tant de touchans souvenirs, et toutefois je ne pouvais m'arracher de ces lieux où, pour ainsi dire, vivait Henri IV.

Cependant on me dit que les étrangers avaient coutume, avant de quitter ce pays, de faire une course, à deux lieues de la ville, dans un vallon où Henri IV et Sully allaient jouer dans leur plus tendre enfance. C'était là qu'Henri s'exerçait à la lutte et s'amusait avec tous les enfans du canton, à gravir les rochers et à traverser les torrens. Je résolus d'aller rêver quelques heures dans ce vallon ; et le lendemain, dès la pointe du jour, je me mis en marche pour m'y rendre. Un guide m'y conduisit ; il me montra des arbres qu'il m'assura avoir été plantés sous le règne d'Henri IV ; il me raconta que tous les habitans avaient coutume, le jour de sa fête, d'y faire un pèlerinage, et qu'avant la révolution, un vieux pasteur y célébrait la messe ; que ce jour-là on y accourait de toutes parts. L'autel était placé à l'ombre des arbres ; les habitans s'asseyaient autour du pasteur; les mères venaient présenter leurs nouveau-nés, les mettre sous la protection de l'Eternel, et le prier que leurs enfans obéissent à un Roi qui aimât autant son peuple que le bon Henri. L'imagination ardente et religieuse des Béarnais attachait à cette antique cérémonie une puissance surnaturelle; les habitans, qui avaient éprouvé quelques injustices, devaient y venir, et c'est une tradition consacrée, qu'à l'avenir ils étaient plus heureux. On disait même qu'ils obtenaient une réparation inattendue des injustices qu'ils avaient supportées. Que les esprits superbes parlent de cet usage d'un air dédaigneux! qu'ils regardent en pitié ces Béarnais attacher tant de pouvoirs au souvenir du bon Henri! je méprise leur fastueuse arrogance. Je l'avoue sans rougir, j'aurais partagé l'espoir de ces braves et religieux montagnards.... Ah! dans l'Elysée où repose ce Monarque, sans doute son âme est encore sensible aux souvenirs de son peuple! Qu'un si touchant usage doit l'émouvoir délicieusement! Grand et bon Roi! le temps et les révolutions, dans leurs courses rapides, détruiront les monumens que la reconnaissance t'éleva; mais tant que les hommes existeront, la tradition d'un si touchant usage leur apprendra que le Souverain qui l'inspira mérite la vénération de tous les peuples.

Je m'assis sous ces arbres où pendant tant

d'années cette auguste cérémonie avait étécélébrée...... Que de pensées diverses agitèrent mon âme! Heureux, mille fois heureux, me disais-je, les Français contemporains d'Henri IV ! qu'il était doux et glorieux de combattre et mourir à ses côtés! Tous ces traits, qui caractérisent sa touchante bonté, se pressaient alors à mon souvenir. Je ne pouvais me défendre d'un attendrissement involontaire; en foulant cette terre, le berceau d'Henri IV, des larmes coulaient de mes yeux. Je n'éprouvai jamais une si vive émotion! j'essayerais vainement de la décrire. Quel est le cœur qui ne la concevrait pas! J'étais Français; je pensais à Henri IV.

Et quand je me rappelai que des Français avaient abattu cette statue que nos pères avaient élevée à ce grand et bon Monarque; quand je me souvins du jour horrible où son tombeau fut profané, ses cendres jetées au vent par des monstres à figures humaines, un serrement de cœur me saisit alors. Je regrettais cette promenade qui rappelait à ma pensée tant de sinistres souvenirs. Je me levai, et me mis en marche pour retourner à la ville de Pau. La nuit devint bientôt très-obscure; à peine pouvais-je reconnaître le sentier. J'aperçus tout à coup une clarté très-vive sur le sommet d'une des montagnes qui m'entouraient de toutes parts. Je suivis cette direction. Bientôt j'entendis des cris confus qui me parurent venir de l'endroit où je voyais très-distinctement des lumières. A mesure que j'avançais, les cris redoublaient; des armes brillaient à travers les flammes, et l'écho des montagnes faisait retentir à mon oreille les accens perçans de la douleur. Je ne doutai plus que ce village ne fût le théâtre de quelques événemens déplorables. J'arrivai alors sur le sommet de la montagne qui le dominait. Un spectacle affreux s'offre à mes regards.... Je vois de toutes parts des hommes armés poursuivre et saisir des montagnards; des femmes éplorées se jeter à leurs pieds, les conjurer de ne point leur arracher leurs enfans.... Dans leur désespoir, ces malheureuses invoquaient la mort, et menaçaient de se précipiter dans les torrens qui coulent aux pieds de leurs montagnes....

Des hommes furieux forçaient les portes des maisons, arrachaient et se disputaient entre eux les dépouilles de ces infortunés, les chargeaient de chaînes, et les jetant inhumainement sur des charrettes, les frappaient de leurs armes et menaçaient de les tuer. Spectateur de cette scène terrible, muet d'horreur et d'indignation, je croyais voir des barbares ravager, au sein de la guerre, les contrées de leurs ennemis. Je demandais de toutes parts la cause d'une scène si épouvantable; personne ne me répondait, ou paraissait étonné que je l'ignorasse. J'aperçus, au milieu de cette soldatesque effrénée, un ecclésiastique dont les cheveux blancs m'inspirèrent le respect; je courus à lui : il conjurait, au nom de la religion, ces furieux qui, loin de l'écouter, insultaient à son auguste caractère. Je lui demandai la cause de tant de malheurs... Jeune étranger, me dit-il, vous voyez une scène horrible, et qui cependant se renouvelle souvent dans les Pyrénées. Sans doute vous avez entendu parler de ce sentiment qui attache les Béarnais à leur pays; il est tel que, dès qu'ils l'ont quitté, le regret les tourmente, et peu de jours suffisent pour qu'une maladie violente consume, à la fleur de l'âge, des hommes qui ne peuvent exister que dans leurs montagnes. Cette année, beaucoup d'entr'eux ont été appelés par la Conscription; loin de les réunir, on les a isolés et envoyés dans des régimens où ils n'ont trouvé aucun de leurs compatriotes ; leur amour pour leur pays les y a ramenés, et vous voyez des méchans qui les poursuivent. Ces misérables ravagent tout. J'ai voulu implorer la justice au nom du Dieu de leurs pères; mais ce sont des impies: ils m'ont répondu par des imprécations et des outrages. En prononçant ces mots, les sanglots entrecoupèrent sa voix, et son visage fut bientôt inondé de larmes. Cependant, ajouta-t-il en regardant le Ciel, je vais encore essayer de les attendrir. Pour vous, jeune étranger, si Dieu vous a donné un cœur sensible, ne m'accompagnez pas ; vous seriez témoin d'un spectacle trop déchirant. A peine avait-il dit ces mots, que des flots de peuple se pressent et nous entourent de toutes parts. Un vieillard, portant d'une main le signe auguste de la religion chrétienne, et de l'autre l'image de Henri IV, se précipite aux pieds de son vénérable pasteur. La douleur était empreinte sur son visage ; mais toutefois il conservait cette sérénité qui imprimait à ses traits je ne sais quoi de céleste... Des femmes et des enfans, égarés par le désespoir, se jetaient dans ses bras et faisaient retentir l'air de cris perçans ; et cependant ce vieillard conservait ce calme que la religion peut seule inspirer ; il ne prononçait que ces mots : résignez-vous, c'est Dieu qui l'ordonne. Puis il agita sa main et demanda du silence : on eût dit qu'un Dieu commandait par sa bouche. Les cris tumultueux des peuples s'appaisèrent tout à coup, et le vieillard parla ainsi au pasteur : J'ai quatre-vingt-deux ans : j'en avais à peine douze quand je commençai à servir mon prince. J'ai combattu en Flandre et en Alsace : mes chefs m'ont dit que j'avais toujours fait mon devoir ; les cicatrices dont je suis couvert l'attesteront encore. Je me mariai soldat. J'eus dix enfans : tous ont servi l'État ; cinq sont morts à cet honorable poste. Quinze de mes petits-enfans sont aujourd'hui sous les drapeaux français. Un d'entre eux apprend que sa mère est mourante ; il revient l'embrasser avant qu'elle expire : on accourt dans ma chaumière pour l'arrêter !.... mais il avait fui.... Les malheureux m'ont dit que j'étais coupable, que la loi le prescrivait; ils ont pris le peu d'argent que la Providence m'avait permis d'amasser pour mes vieux jours; ils m'ont chassé de ma cabane et se sont partagés mes dépouilles. Un d'entre eux voulait m'arracher cette image de notre bon roi Henri; mais dans cet instant, pardonnez-le moi, mon vénérable pasteur, je n'ai pu retenir mon indignation; je lui ai dit, que sous le règne de Henri IV, des soldats n'eussent point dépouillé un vieillard innocent; qu'ils l'eussent protégé de leurs armes; que, puisque Dieu l'ordonne, je me résigne à tous les malheurs, mais que je ne me séparerai jamais un seul instant de l'image de notre bon roi, et qu'il m'arrachera plutôt mille fois la vie: quoique bien vieux sans doute, je sens que j'ai encore des forces pour la défendre. Ces mots ont paru faire quelqu'impression sur le cœur du soldat; il ma laissé emporter avec moi le seul bien qui me reste. Je n'ai plus d'asile; je vous quitte pour jamais! je vais aller finir mes jours chez un de mes anciens maîtres qui commandait autrefois le régiment où moi aussi je fus soldat. Ah! c'est un homme de bien; c'est lui qui m'a appris à chérir la mémoire de Henri IV: il ne m'abandonnera pas; il m'accordera l'hospitalité; je pars! daignez m'accorder votre bénédiction! quoique des soldats m'aient fait bien du mal, je prierai toujours Dieu pour mon pays et le bonheur des Français. A peine eut-il fini de parler, que des cris d'indignation s'exhalèrent de toutes les bouches. On voulait se révolter contre les soldats ; le désespoir était dans toutes les âmes, l'effervescence dans tous les esprits ; des mères portaient, à travers ces flots de peuple, des enfans couverts de haillons, et qui, dans le langage béarnais, bégayaient le nom de Conscription, en montrant leur misère et demandant du pain... Des vieillards poussaient des gémissemens lugubres; ils demandaient à Dieu de leur arracher la vie : ce n'était que cris et désespoir. Au sein de ces horreurs, chose épouvantable à dire, des mères saisissaient les baïonnettes des soldats, et voulaient se percer le sein !

Déjà l'on se disposait à repousser les soldats : on criait aux armes ; on allumait des feux de toutes parts, quand des dragons à cheval accoururent des villages voisins, dissipèrent cet immense attroupement, et forcèrent au silence ces braves et malheureux montagnards.

A peine avais-je pu respirer pendant tout le tems que j'avais été spectateur de cette scène épouvantable; un poids horrible oppressait mon âme ; je sentais un cri d'indignation s'élever dans mon cœur, et cependant je ne pouvais l'exhaler : toutes les facultés de mon être étaient anéanties.

Quand les flots de ce peuple eurent été dispersés, je restai seul assis sous un arbre, au bord d'un torrent, et dans un abattement extraordinaire. Le calme le plus profond avait succédé à cette agitation extrême ; je n'entendais plus que le bruit sourd et monotone du torrent qui coulait à mes pieds, et, dans les forêts voisines, le chant triste de l'oiseau de la nuit. C'eût été le silence du désert, si de distance en distance mon oreille n'eût été frappée du bruit du pas des chevaux des dragons qui revenaient de cette terrible expédition.

Accablé de fatigues, je m'endormis quelques instans ; mais des songes affreux troublèrent ce moment de repos. Tout à coup je croyais entendre les cris de ces enfans qui me demandaient du pain, en me disant pour tout langage que je pusse comprendre : *Conscription!* Il me semblait toujours voir apparaître la figure vénérable de ce vieillard emportant avec lui cette image de Henri IV, qui, pendant la journée de la veille, m'avait inspiré tant de délicieux souvenirs ; je croyais entendre encore ces augustes paroles qu'il adressait à son pasteur, cet adieu déchirant et cet oubli surnaturel de tous ses malheurs ; je le voyais couvrir de ses baisers et de ses larmes l'image du bon Henri, et fuir un christ à la main..... O grand Dieu ! que dans ce moment la religion me paraissait belle ! que le ceractère qu'elle imprimait à ce vénérable prêtre était sublime et touchant, quand il conjurait, au nom de l'Eternel, ces soldats furieux d'épargner des Français ! Cependant cet abattement extrême se dissipa peu à peu : il me fut possible de pleurer, et je versai un torrent de larmes. Au milieu de ma pensive douleur, tout à coup une idée me frappa comme un trait de lumière : il me sembla que la Providence, en me rendant spectateur de cette scène abominable, me destinait à être le défenseur de tant de malheureux, à tracer le tableau d'une législation si féconde en calamités, à invoquer contre elle le cri de la justice et de l'humanité. Oui, m'écriai-je alors, transporté de l'ardeur que m'inspirait cette pensée soudaine; oui, malheureux, je vous défendrai, j'attaquerai de toutes mes forces cette législation perverse qui dévoue à la misère et à la mort des générations entières; je répéterai sans cesse qu'elle outrage ce qu'il y a de plus saint dans la nature; que c'est une loi impie, celle qui fait rejaillir sur les pères les fautes de leurs enfans; que ruiner une mère, parce qu'elle a donné asile à son enfant, c'est la punir d'avoir un cœur de mère. Je redirai ces belles pensées d'un écrivain célèbre, dont le nom sera cher à jamais à la France et aux lettres : « Que la patrie est née de la famille; que certes le citoyen n'est point encore aussi astreint à défendre le sol qu'il cultive, que l'homme à défendre le sein où il a reçu la vie, le sein qui l'a rendu père; que le corps entier de la société est solidaire envers les mères de famille; que le lâche est celui qui les abandonne; le traître, celui qui les livre. Je dirai qu'une semblable législation est un signe de dégradation qui nous dévouerait à l'opprobre des races futures; que c'est l'effacement le plus complet de tous les traits de l'espèce humaine. En agitant de semblables questions, je le sens, je ne dois pas prétendre à rester maître de moi : je vois une nuée d'innocens et de malheureux dépouillés de tout ce que la nature et les lois leur avaient accordé, arrachés aux sentimens de leurs cœurs comme à la possession de leurs biens, ruinés par une patrie qu'aucun n'a offensée, que la plupart ont servi de leur sang et défendu de leurs bras. Je les vois abandonnés par la lâcheté, rebutés par la bassesse, subir les lentes tortures d'une misère désespérée, invoquer la mort à grands cris. Alors toutes leurs souffrances, leurs angoisses, tous leurs genres d'indignation viennent se rassembler sur mon âme; et je me dis que si l'abîme du désespoir doit se fermer à jamais sur eux; que si un triomphe éternel doit être accordé à ce prodige d'iniquités, il faut prononcer que le monde est fait pour être la proie du crime, et que le petit nombre d'hommes de bien semés sur cette mer de forfaits, n'a plus d'autre destinée à se proposer que de s'enfermer comme Timon dans un antre solitaire, de s'interdire tout commerce avec l'espèce humaine, et de ne penser à elle que pour la charger de malédiction. »

« Que l'on fasse attention qu'ici je dénonce, non pas une injustice, mais un tissu d'injustices, mais un système complet d'iniquités, le plus incontestable, le plus scandaleux, le plus universel, le plus absolument incapable de supporter tout ce qui est bien, et le plus nécessairement condamné à perpétuer tout ce qui est mal. Agitez, commentez tant que vous voudrez toutes ces lois pénales sur la Conscription, partout vous reconnaîtrez cette vérité dont l'évidence frappe par cent points divers : entre Robespierre qui met sous le séquestre tous les biens de parens d'émigrés, et déclare ouverte la succession des vivans; et le despote qui aujourd'hui condamne à la plus affreuse misère tous les pères de famille dont les enfans sont rebelles à ses sanglans caprices, on ne sait à qui adjuger l'horrible palme de l'injustice. Dans toutes les parties de la France, nous voyons à chaque minute se renouveler une scène de tyrannie et de dégradation dont nous chercherions en vain la pareille dans le monde entier. Les monarchies les plus absolues de l'Occident, les peuplades les plus abruties de l'Orient ou du Nord, la Sibérie, le Thibet, aucun coin de la terre ne vous offrira rien de comparable à cette masse de cent mille familles ruinées chaque année, sans que l'on puisse porter contre elles la moindre accusation. Et pour accomplir cette œuvre impie de la plus exécrable tyrannie, tout a été bravé, et la voix des peuples, et les préceptes de la justice, et l'accent de la pitié ; et pendant que je parle, cent mille familles vivent ou meurent transies par le froid ou consumées par la faim. »

Plus on médite sur cette loi terrible, plus on reconnaît l'hypocrite lâcheté de ces esclaves ministres de la tyrannie. Ils s'indignent que les Français n'obéissent point aux sanglans caprices du despote.... Hélas! on ne délaisse pas volontairement le soleil de son enfance, le berceau et la tombe de ses pères, pour aller, sous un ciel étranger, s'abreuver de misères et de larmes.... L'habitant des campagnes voit avec effroi s'approcher l'instant où il aura à redouter cette loi funeste; et quand ce moment fatal arrive, c'est pour ce malheureux, pour toute sa famille, une journée d'épouvante et de mort.... Fera-t-on un crime à cet homme simple et vertueux, de désirer ne pas abandonner cette terre qui le vit naître, cette terre qu'il cultiva, où, si jeune encore, il recueillit le fruit de ses peines et de ses labeurs?... C'est l'arrêt de mort qu'on lui prononce, quand il apprend qu'il faut être soldat.... Hélas! son imagination lui représente nos guerres sous des couleurs qui ne sont que trop naturelles.... Vous m'en imposez, répond-il dans son langage naïf et simple; vous me dites que je reverrai nos champs, que j'embrasserai encore une fois mon vieux père.... Non, non, je ne reviendrai plus....

Hélas! depuis dix ans le malheureux n'a entendu parler de ses parens, de ses amis, qui, comme lui, étaient partis le désespoir dans le cœur! Ils vécurent quelques années ; ils supportèrent des fatigues et des privations inouies.... Le fer de l'ennemi les a atteints! la mort les a moissonnés à la fleur de leur âge! Cette nouvelle a retenti dans la chaumière. Il était bien jeune encore, quand il a vu les larmes des vieillards et le désespoir des mères.... Hélas! elles n'ont point eu la triste consolation de recueillir les cendres de leurs enfans et de planter des cyprès sur leurs tombes... Non, non, je ne dois pas revenir ; ou si jamais vous me revoyiez parmi vous, je traînerais une vie languissante! Horriblement mutilé, j'aurais la misère en partage..... Ah! je préfère mille fois la mort..... Telles sont les sombres réflexions de ces malheureux que l'on arrache à leurs foyers... On leur commande, au nom de l'honneur et de la patrie, ce départ terrible que leur imagination accompagne d'un pressentiment sinistre. Dans leurs pensées, l'honneur consiste à être honnête homme ; et certes c'est un bel honneur.... Et croiraient-ils que, pour aimer sa patrie, il faut aller braver la mort à plus de six cents lieues du pays qui les vit naître!

Plus de douze ans se sont écoulés depuis que le système odieux de la Conscription est consacré parmi nous...... Chaque année cent mille familles sont réduites à la misère la plus affreuse ; et il ne s'est pas élevé une seule voix en faveur de ces victimes de la plus affreuse tyrannie..... Aux jours de la révolution, des écrivains courageux bravèrent l'exil et la mort pour défendre les victimes du délire et de l'oppression... L'histoire redira leurs honorables noms... Serait-il donc vrai qu'il fût plus affreux encore de contempler le spectacle de la nation française courbée sous le sceptre de fer de son tyran, que cette nation française aux tems sinistres de la révolution ! Au milieu de nos convulsions, d'exécrables forfaits viennent nous glacer d'horreur ; mais à côté de ces forfaits, on remarque des prodiges de vertu, des dévouemens sublimes..... Lorsque le despotisme a dégradé toutes les âmes, on ne reconnaîtra plus de variété dans les physionomies ; toutes auront le même aspect ; on courbera, sans se plaindre, la tête sous le joug le plus honteux.... On n'entendra que les lâches flatteries des esclaves ; partout des malheureux qui n'oseraient se plaindre; leurs gémissemens seraient un crime. C'est le silence des tombeaux.....

Grâces au code barbare de la Conscription, les sentimens les plus saints de la nature ont été brisés ! le père a été forcé de voir, dans ses enfans, ses plus terribles ennemis... L'œil étonné du voyageur aperçoit, au milieu de nos montagnes, des villages dont à peine il reste quelques débris....

Des soldats les ont ravagés ; des armées ennemies qui eussent envahi nos contrées, n'auraient point laissé après elles un plus triste spectacle.... Des guerriers qui avaient combattu aux journées à jamais célèbres de Laufeldt et de Fontenoy, ont été arrachés de leurs chaumières, dépouillés de leurs vêtemens, et leur misère a expié ce qu'un code d'iniquité a appelé le crime de leurs petits-enfans.... Et mille cris d'indignation ne se sont point élevés ! Non, ce code inhumain, on l'a appelé nécessaire. On a fait plus ; on l'a appelé juste. Ce n'était point assez qu'une mère endurât l'affreux supplice de voir ses enfans chargés de chaînes ; pour assouvir la détestable cruauté des esclaves oppresseurs, il faut qu'elle soit repoussée de sa cabane ; qu'abreuvée de tourmens, détestant le jour malheureux où elle devint mère, elle aille seule, avec sa misère et ses larmes, mendier un pain que l'égoïsme lui refusera. Ah ! dans ces âmes de bronze, jamais le cri de la nature ne se fit entendre : leur législation outrage ce qu'il y a de plus sacré parmi les hommes. L'antiquité plaçait le respect qu'inspire une mère parmi les sentimens religieux ; elle eût regardé cette loi créée, pour expier des crimes inouis, par une divinité qui n'admettait, comme sacrifices dignes de ses autels, que le sang et les larmes. Outrager une mère dans ses affections, c'était outrager les Dieux ; attirer sur sa tête la colère céleste !

En présentant ce tableau aux Français, je leur rappellerai que, il y a vingt ans, leur loyauté était rivale de leur courage ; et que si dans les deux mondes on célébrait leur intrépidité chevaleresque, on parlait avec attendrissement de leur noble générosité. Je leur dirai que la gloire d'une nation est dans les souvenirs que recueillent tous les peuples de l'Europe, et qui ravissent d'enthousiasme tous les Français. Relisons ces belles pages de notre histoire ; scrutons ces archives de l'honneur. Souvenons-nous que tous les écrivains étrangers, quand ils traçaient notre caractère national, disaient : Les Français sont braves, généreux et compatissans. Pensons avec effroi que ces mots seraient à jamais effacés !... nous ne les mériterions plus, si nous n'élevions des cris d'indignation contre un code barbare, sans exemple chez les peuples civilisés, contre des lois qui encouragent et récompensent la délation ! La délation ! ce mot doit faire horreur à des Français ! Un jour les générations futures couvriraient de mépris et d'opprobre les pages de l'histoire de notre âge.... Le patrimoine des enfans est la vertu de leurs pères ! Montrons à l'Europe que cette France n'a point tant dégénéré d'elle-même, et que les enfans dont les pères obéirent autrefois à Louis XII, à Henri IV, se souviennent encore de leurs ancêtres ! Que le voyageur, à la vue de ces monumens élevés à la gloire de nos armées, cesse de nous dire : Près de ces trophées, vous devriez élever un monument à l'infortune et aux victimes! Dans les annales de nos discordes civiles, au sein de ces convulsions terribles qui nous agitèrent, on retrouverait encore quelques traces antiques de notre caractère... On opposera aux scènes épouvantables dont la France fut le théâtre, l'héroïsme des chevaliers français et toutes les merveilles qu'enfanta la fidélité à son Dieu et à son Roi. Pour nous, placés déjà à quelques distances de cette terrible époque, nous n'échapperons point à l'inflexible sévérité de l'histoire.

Ne méritons point nos malheurs et notre honte par un lâche silence! relevons nos fronts courbés sous le sceptre de la tyrannie! montrons à l'Europe que l'esclavage n'a point dégradé toutes les âmes, et qu'il est encore des cœurs français! qu'il s'élève sans cesse des cris pour défendre les malheureux qu'oppriment des lois barbares, pour dévoiler les œuvres de cette tyrannie que cimentent le sang et les larmes des Français! Il se brisera dans ses mains cruelles le sceptre qui nous écrase! trop long-temps il a pesé sur la terre! Non, il n'est pas Français cet homme né dans cette île où Rome ne daignait pas même choisir des esclaves! la France le rejette de son sein, cet étranger *injuste par instinct, révolutionnaire par tempérament* (1). Lâche assassin du duc d'Enghien,

_____

(1) Expression de *Mallet-Dupan*.

c'est en versant le pur sang des Bourbons, qu'il se fraya le chemin du trône.

Le temps est arrivé où il faut rappeler sans cesse aux Français ces grandes vérités.

Que tous les cœurs unissent leurs nobles efforts pour ce magnanime dessein ! Ah ! dans cette cause sacrée, j'ai besoin de le dire encore !

Je ne suis qu'un soldat, et je n'ai que du zèle.

Nota. J'avais eu d'abord la pensée de faire imprimer en ce moment le Mémoire que j'écrivis alors sur la Conscription. Il était divisé en trois parties. Dans la première, je traitais du principe spécial de la Conscription, considéré sous le rapport de la morale et de la politique; dans la seconde, de la Conscription considérée chez les peuples anciens et modernes qui l'ont adoptée pour principe de leur législation militaire; dans la troisième, enfin, je présentais l'affreux tableau du système pénal de la Conscription, adopté par le tyran des Français. Toutefois je ne me dissimulais pas, pour ce grand Ouvrage, l'extrême faiblesse de mes moyens : je ne l'ai jamais tant éprouvée que dans cette circonstance, et jamais surtout avec plus de regrets. La confiance avec laquelle je m'exprime, je l'ai puisée tout entière dans la force des droits que j'avais à défendre.

Les grands événemens qui font naître l'espérance dans l'âme des vrais Français, rendent cet ouvrage presque inutile; je suis le premier à m'en féliciter. Ce sont nos princes qui nous l'ont dit : *plus de tyrannie, plus de Conscription.* Méditons sur la grandeur du bienfait qui nous attend, si nous nous montrons dignes de la recevoir... Voyons la triste perspective qui vous menace, si le despote, plus cruel que les *Tibère* et les *Néron*, relevait sa puissance presque abattue : un esclavage plus affreux encore serait le patrimoine que nous léguerions à nos enfans.... Que les mères contemplent les tristes destinées de la génération actuelle, et que leurs cœurs se brisent de douleur à la vue des tourmens qu'endureraient leurs enfans !..... Si le chef du Gouvernement sortait victorieux de la lutte qui doit l'écraser, la paix est alors pour jamais bannie de notre France. Non, il ne veut point la paix celui-là qui, après le désastre de la campagne de Moscou, quand il eut vu, dans l'espace de quelques jours, anéantir son armée, refusa de signer cette paix que l'Europe fatiguée lui offrait; et alors on n'exigeait d'autres sacrifices de sa part que de renoncer au vain titre de Protecteur de la Confédération du Rhin. Il ne veut point la paix celui-là qui refusa de la signer après la bataille de Leipsick et la catastrophe qui lui enleva les meilleures légions de ses braves soldats. Et alors les Souverains de l'Europe lui laissaient encore un empire plus vaste que l'empire de Louis XIV aux jours de sa gloire. Il demeurait possesseur de la Belgique ; et cependant il préféra voir arriver les armées ennemies au cœur de nos provinces. Enfin, quand les alliés ont été aux portes de Paris, après les revers de Brienne, cette paix a été signée.... Le despote a remporté quelques succès éphémères; son orgueil lui a fait rêver de nouvelles conquêtes : dans son aveuglement il a déchiré le traité de paix, ce traité qui lui assurait et son salut et son empire. Ainsi la Providence a voulu que ce fût lui-même qui creusât l'abîme où il doit s'engloutir.

Unissons nos efforts pour relever cet antique empire des lis, et des jours plus heureux luiront sur notre belle patrie. Avec le despotisme nous verrons disparaître ces lois barbares qui, depuis quinze ans, nous ont asservis sous le joug d'une affreuse tyrannie. Trop long-temps ces braves guerriers qui ont porté la renommée des armes françaises dans toutes les parties de l'Univers, ont versé leur sang pour assouvir l'ambition d'un farouche tyran... Qu'ils s'unissent à nous avec cette noble franchise qui honore le caractère du soldat! qu'ils se rallient sous les bannières de leur Roi! qu'ils se pressent autour du descendant d'Henri IV!.... Ils seront dignes de leurs ancêtres: ils foulent la terre des braves; ils ne seront point sourds aux cris de leur Roi, de l'Honneur et de la Patrie!

Que les Français surtout n'écoutent pas les déclamations de ces pervers qui les ont trompés depuis vingt ans, et les ont jetés dans d'épouvantables abîmes: ils leur répètent encore que le jour des vengeances succédera au jour où les Bourbons remonteront sur le trône de leurs pères; que les braves chevaliers proscrits aux jours sinistres de nos discordes civiles, n'attendent que cet instant pour faire éclater des projets de fureur et de vengeance. Non, non, les Français ne se laisseront point tromper par ces détestables et mensongères paroles de leurs plus cruels ennemis. Elle a retenti au fond de leurs âmes, cette pensée sublime de leur Roi : Qui osera se venger, quand le Roi pardonne!.... Cette pensée du Roi sera celle de tous les Chevaliers français fidèles à la cause sacrée du malheur..... Elle est gravée au fond de leurs cœurs; la Religion et l'honneur l'ont consacrée. Le pur sang d'Henri IV coule dans les veines de notre Roi. La vengeance n'approcha jamais de la grande âme des Bourbons! ils n'ont soif que du bonheur de Français.

Ce 2 mars 1814.

www.ingramcontent.com/pod-product-compliance
Lightning Source LLC
Chambersburg PA
CBHW060704050426
42451CB00010B/1258